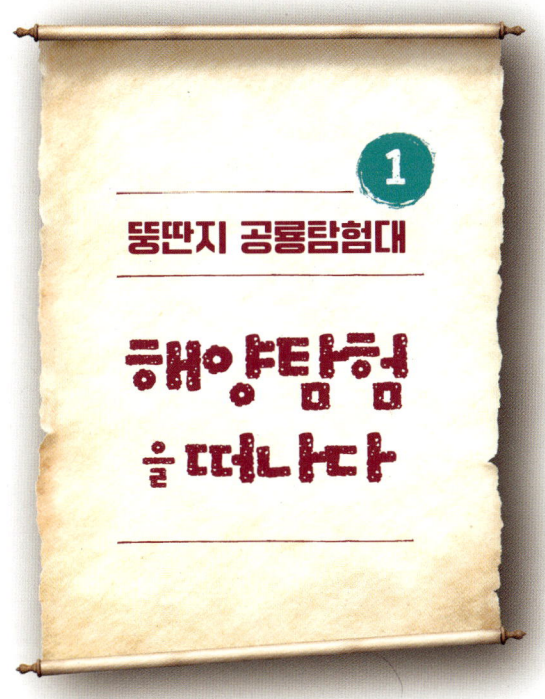

자유로운
상상

뚱딴지 공룡탐험대 ❶
해양탐험을 떠나다

초판 1쇄 인쇄 | 2023년 7월 15일
초판 1쇄 발행 | 2023년 7월 20일

지은이 | 김우영
펴낸곳 | 자유로운상상
펴낸이 | 하광석
디자인 | 김현수(이로)

등 록 | 2002년 9월 11일(제 13-786호)
주 소 | 경기도 하남시 미사강변중앙로 204번길 11 1103호
전 화 | 02 392 1950 팩스 | 02 363 1950
이메일 | hks33@hanmail.net

ISBN 979-11-962285-6-9 (77810)

· 사전 동의 없는 무단 전재 및 복제를 금합니다.
· 잘못 만들어진 책은 바꾸어 드립니다.
· 책 값은 뒤표지에 있습니다.

뚱딴지 공룡탐험대

해양탐험을 떠나다

1

글·만화 김우영

자유로운
상상

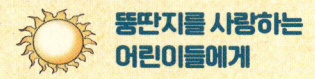

똥딴지를 사랑하는 어린이들에게

꿈과 모험을 즐기는 어린이, 참된 우정을 꿈꾸는 어린이

내가 태어난 곳은 평안북도 선천입니다. 그러나 내가 어린 시절을 보낸 곳은 강원도 도계였고, 소년 시절은 부산 영도의 바닷가에서 자랐습니다.

처음 바다를 보았을 때는 넘실거리는 푸른 물결이 어쩐지 두렵게 느껴져 감히 가까이 가지를 못하다가 점점 바다를 사랑하는 소년이 되었습니다.

여름방학이면 아침부터 저녁까지 바다에 내려가서 굴이며 홍합이며 소라를 건져 올렸습니다. 때론 태풍이 불어와 산 같은 파도가 밀려오면 높은 언덕에 올라가 산산이 부서지는 파도를 바라보곤 했습니다. 맑은 날이면 저 멀리 바라보이는 섬들을 바라보며 상상에 잠기곤 했습니다.

저 섬은 무인도일까? 유인도일까?

유인도라면 그 섬사람들은 어떻게 살아가고 있을까?

저 멀리 바라보이는 망망대해로 나가다 보면 수많은 무인도가 있을 텐데 그 무인도 어느 한 곳에 로빈슨크루소처럼 애타게 구조를 기다리며 살아가는 사람은 없을까?

내가 배를 몰고 바다로 나가 그런 사람들을 구해 주면 얼마나 감격스럽고 기쁠까?

그렇게 꿈을 꾸며 자라던 소년이 이젠 성인이 되어 만화가가 되었습니다.

비록 소년 시절의 꿈을 현실적으로 이루지 못했지만, 작품 속에서 그 꿈을 이뤄 보려고 이 작품을 엮어 보았습니다.

물론 만화와 현실은 다릅니다. 혹시 『똥딴지 공룡탐험대』를 읽고 가볍게 탐험을 나서는 사람들은 없겠죠?

만약 여러분 중에 탐험을 희망하는 사람이 있다면 떨순이처럼 공부를 많이 하기를 바랍니다.

또 남녀에 대한 편견이 없어야겠습니다. 여자라고 리더가 안 된다는 법은 없습니다. 다른 사람보다 지식이 많고 인격적으로 훌륭하다면 누구든지 리더가 될 수 있습니다.

또 중요한 것은 우정입니다. 참된 우정은 사랑과 희생이 동반되어야 하는 것을 잊으면 안되겠죠?

어린이 여러분 이제 『똥딴지 공룡탐험대』를 유쾌하고 즐거운 마음으로 읽어 주기 바랍니다. 그리고 본격적으로 시작되는 『똥딴지 공룡탐험대』는 무시무시하고 흥미로운 공룡의 세계로 어린이 여러분을 안내할 것입니다.

평창동 화실에서

김우영

뚱딴지를 좋아하는 친구들에게만 알려 주는 딴지 상식

공룡이 궁금하면 뚱딴지에게 물어 봐

공룡이 뭐냐구요?

공룡은 겉모습이 도마뱀과 악어를 닮은 동물이에요.

신생대, 중생대, 고생대로 나뉘어지는 지질시대인 트라이아스기 후기에 출현해서 쥐라기와 백악기에 크게 번성하다가 백악기 말에 전멸했습니다.

1841년에 영국의 고생물학자 R.오언은 모든 화석파충류를 한데 묶어 디노사우르라고 명명했다고 해요.

디노스(dinos)는 '무서울 정도로 큰 것'이라는 뜻이고, 사우르(saur)는 '도마뱀'이라는 뜻인데, 동양에서는 공룡이라고 번역했던 거예요.

그때부터 화석파충류를 모두 공룡이라고 했는데, 그 후 성질이 서로 다른 화석파충류를 분류해서 여러 종류 중, 용반목과 조반목을 공룡이라고 하게 되었다고 합니다.

그런데 초기 공룡들은, 그 당시의 다른 동물들과 구분

되는 수많은 특징들을 가지고 있었다고 하죠?

첫 번째로 공룡은 도마뱀이나 악어, 거북 등과 같은 원시적 파충류들이 굽은 다리를 가진 것과는 달리 몸 아래로 곧게 뻗은 다리를 가진 육상의 파충류라는 점입니다.

이런 구조는 조류나 포유류와 비슷하고 당시 하늘을 날았던 파충류인 익룡과 바다 파충류인 어룡과 수장룡 등과 구분이 되죠.

두 번째 공룡의 특징은 머리뼈의 안구 뒤에 두 쌍의 구멍이 발달한 이궁형(二弓型)이며 알을 낳았다는 사실이에요.

공룡은 걷기와 달리기에 능숙했는데, 공룡이 지닌 이러한 특징들은 뒷다리에서 기인합니다.

다리 상반부 뼈는 공 모양의 관절로 골반과 연결되어 있어요.

한편 재미있는 사실은 현재 생존하는 동물들 중에서도 공룡을 정의하는 특징 모두를 가진 동물이 있어요.

다름 아닌 조류가 바로 그것인데, 이들은 공룡의 특징들을 고스란히 지니고 있습니다.

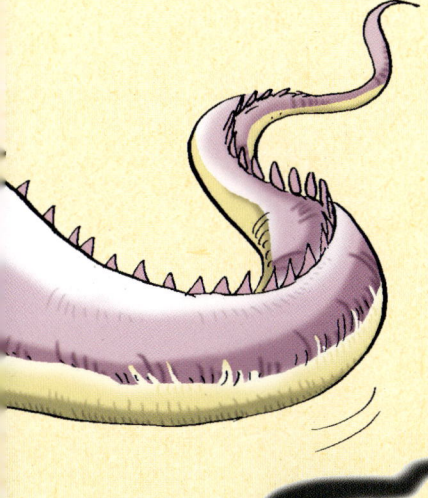

조류를 제외하고는, 지금까지 알려진 대부분의 공룡들은 중생대에 생존했었다고 합니다. 중생대는 세 시기로 나누어지는데, 공룡은 이 중 첫 번째 시기인 삼첩기 후반, 즉 약 2억 2,500만 년 전에 나타났다고 합니다.

삼첩기를 지나 쥐라기(2억 1,300만 년-1억 4,400만 년 전)에 이르러 공룡은 전세계에 걸쳐 지배적인 육상 동물이 되었어요. 중생대의 마지막 시기인 백악기는 공룡의 역사가 가장 잘 알려진 시기로, 이때 공룡은 그 종류와 진화의 측면에서 절정에 달했다고 합니다. 그리고 공룡을 분류하는 가장 중

요한 기준은 골반 구조라고 하는데요. 즉, 도마뱀 골반형을 갖는 용반류(목)와 새 골반형을 가진 조반류(목)로 분류되는데 용반류는 치골이 앞쪽으로 뻗어 있어 좌골과 함께 삼각형의 구도를 가지는 데 반해서 조반류는 치골이 좌골과 나란히 뒤쪽을 향해 뻗어 있다는 거예요.

용반류에는 목 긴 초식 공룡들과 수각류 육식 공룡들이 속합니다.

조반류는 매우 다양한 초식 공룡들로 이루어져 있죠. 대부분의 공룡은 백악기의 마지막 시기까지 번성했지만, 그 후 약 100만 년 이후에는 지질기록에서 완전히 사라졌다고 합니다.

공룡이 살았던 시기에 대해서 알려 줄게요

거대한 공룡들은 지금부터 약 2억 5,000만 년 전부터 6,600만 년전까지 걸친, 중생대라고 알려진 시대 동안에 진화했고, 번성했으며, 멸종했어요.

중생대는 삼첩기(2억 5,000만 년-2억 500만 년 전), 쥐라기(2억500만 년-1억 3,500만 년 전), 백악기(1억 3,500만 년-6,600만 년전)의 세 시기로 구분되지요. 모든 거대한 공룡들은 백악기 말기의 그 유명한 집단 멸종 시기에 멸종되었습니다.

삼첩기 후기

화석 기록으로 미루어 보면, 공룡은 삼첩기 말기인 약 2억 2,500만년 전 즈음에 지구상에 최초로 나타났다고 해요.

헤레라사우루스와 스타우리코사우루스를 포함해서, 코엘루루스와같은 몸집이 작은 초기 사냥꾼들뿐만 아니라 조금 나중의 전용각류 등의 원시적인 공룡들은, 오늘날의 우리들에게 친숙하기도 하고 낯설기도한 식물군과 동물군을 가진 따뜻한 열대 환경 속에서 살았어요.

당시 지구는 모든 대륙이 하나로 뭉쳐 초대륙을 형성하고 있었구요, 대륙 대부분은 사막처럼 덥고 건조하였습니다.

침엽수와 소철류, 은행나무와 같은 겉씨식물들이 자라고 자그마한 양치식물(식물계에는 양치식물이라는 초본성 식물이 있어요. 양치식물에 대한 사전상의 설명은 관다발 식물들 중에서 종자를 갖지 않는 식물의 총칭으로 나타나 있어요.)이 땅 위를 덮고 있었어요.

식물 중에는 초기 야자수도 있었지만, 꽃이 있는 풀이나 나무는 없었어요.

최초의 익룡(길고 좁은 날개를 가지고 날아다니는 파충류예요.)이 하늘 높이 날아오르기도 했고, 바다는 육식 파충류인 어룡류로 가득했어요.

이 시기의 공룡으로는 코엘로피시스, 플라테오사우루스, 달로포사우루스 등이 있습니다.

쥐라기

판게아 초대륙은 쥐라기 초기부터 차츰 갈라지기 시작해서 북아메리카와 아프리카로 나뉘어졌어요.

대륙들이 분리되면서 바다의 확장이 시작되었고 그 덕에 대륙 내부까지 온난 다습한 기온이 형성되었어요.

숲은 양치식물, 침엽수, 소철로 우거져 있었지요. 쥐라기 후기는 대륙이 계속 분리되면서 얕은 바다가 차츰차츰 늘어났고 키가 큰 침엽수와 소철, 양치식물, 속씨식물들이 당시의 환경을 조성하고 있었어요. 쥐라기가 진행되면서 공룡의 종과 수는 굉장히 증가했습니다. 알로사우루스와 같은 커다란 육식 공룡, 코엘루로사우루스류와 같은 몸집이 더 작은 육식 공룡들, 그리고 장갑 무장한 것들을 포함한 다양한 초식 공룡들 모두 백악기 동안에 번성했습니다. 하지만 이 기간의 동식물 중에서도 가장 장관을 이룬 것은 아마도 길이가 100피트가 넘었을 것으로 추측되는 힘센 용각류들이었어요. 아파토사우루스(원래는 브론토사우루스라고 불렸습니다.)와 디플로도쿠스, 바로사우루스, 그리고 다른 많은 공룡들이 쥐라기 말기에 대륙들을 활보했습니다. 이 시기는 공룡들의 천국으로 매우 다양한 공룡들이 진화했어요. 이 시기 주요 공룡으로는 메갈로사우루스, 아파토사우루스, 브라키오사우루스, 스테고사우루스, 디플로도쿠스, 콤프소그나투스, 알로사우루스, 마멘치사우루스, 사이스모사우루스 등이있습니다.

백악기

초기 백악기 대륙은 훨씬 더 분화되었지만 북아메리카, 유럽, 아시아는 하나로 연결되어 있었어요. 기온은 전체적으로 따뜻했고 여기저기서 호수들이 만들어졌죠. 공룡들이 살았던 세계는 백악기 동안에 많은 변화를 겪었습니다. 꽃이 있는 풀과 나무들이 진화했고, 새들은(개중의 몇몇은 그들의 현재 후손들과 상당히 닮았습니다.) 막대하게 증가했어요. 새와 함께 하늘을 공유한 프테로사우루스와, 바다에 살던, 목이 길고 이가 날카로운 플레시오사우루스를 포함해, 공룡이 아닌 다른 거대한 파충류들이 번성했어요.

데이노니쿠스와 같이 낫 모양의 발톱을 한 수각류들, 정교한 볏을 가진 하드로사우루스류, 뼈로 된 머리를 하고 있어 주목할 만한 파키케팔로사우루스, 그리고 공룡들 중에서도 가장 많이 알려진 티라노사우루스와 뿔 달린 공룡 트리케라톱스 등, 가장 장관을 이룬 공룡들 중 상당 수가 백악기 동안에 진화했어요. 하지만, 아주 짧은 지질 연대 동안에 대부분의 공룡들은 멸종되었어요. (프테로사우루스와, 플레시오사우루스, 그리고 셀 수 없이 많은 다른 식물들과 동물들도 마찬가지였습니다.)

그들이 어떻게 소멸했는지는 고생물학에서 가장 큰 논쟁거리 중의 하나로 남아 있는데요.

이구아노돈, 바리오니쿠스, 힙실로포돈, 에드몬토사우루스, 티라노사우루스, 벨로시랍토르, 안킬로사우루스, 트리케라톱스 등이 이 시대의 주 공룡입니다.

 등장인물

뚱딴지
30만대 1의 경쟁을 뚫고 해양탐험대에 당당히 합격한 실력파 뚱딴지. 어려운 일을 만난 친구들을 절대로 그냥 지나치지 않는 의리는 아무도 따라올 수 없다.

삽살이
팀원 중 가장 마음이 약한 편.
하지만 여러 가지 어려운 상황이 닥쳤을 때 소신있는 의견으로 팀의 감초 역할을 톡톡히!!
단순한 구석이 있기도 하지만 그만큼 순수하기도 하다.

떨순이
탐험대 대장. 아버지를 찾기 위해 탐험을 하고 있다.
탐험을 해나가기가 아직 힘들고 어렵지만, 용기와 자존심으로 똘똘 뭉쳐 어떤 힘든 일이 있어도 스스로 헤쳐나가는 지혜와 힘이 있다.

그 외 사람들

박사님 **마리아** **팅팅가 부족 사람들** **악당들**(두목, 덤, 더머, 박사)

첫번째 이야기

뚱딴지,
떨순이와 삽살이를 만나다

두번째 이야기

항해를 시작하다

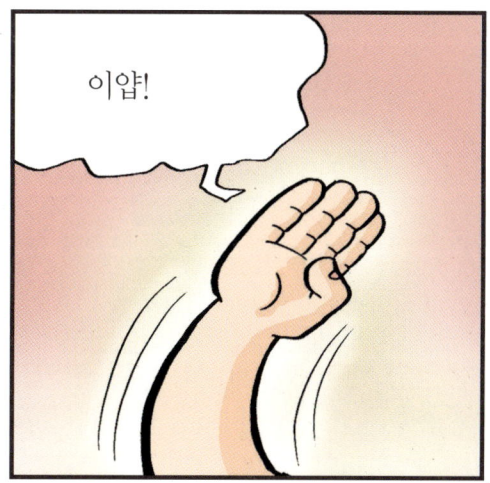

세번째 이야기

무인도에 표류하다

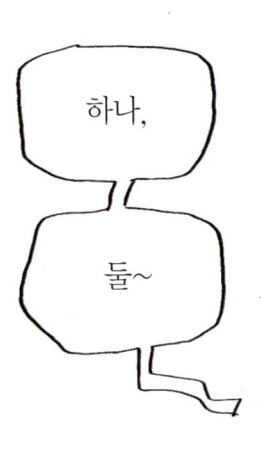

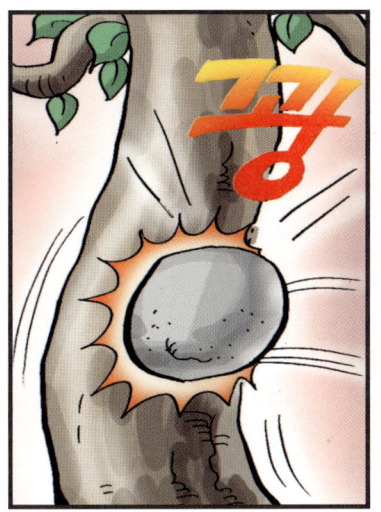

네번째 이야기

떨순이, 아빠를 만나다

그런데 어느 날 밤 꿈에…

나는 그때부터 해양서적을 구해서 읽었고…

항해를 하는데 필요한 교육을 받았다. 드디어 싼 배를 하나 구입했고,

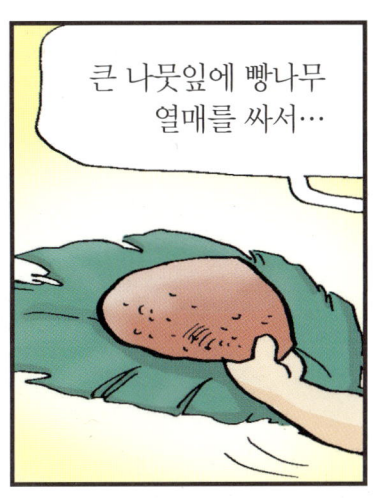

으악!

아이고~ 살려 줘!

큰 일 났다. 저걸 어쩌지?

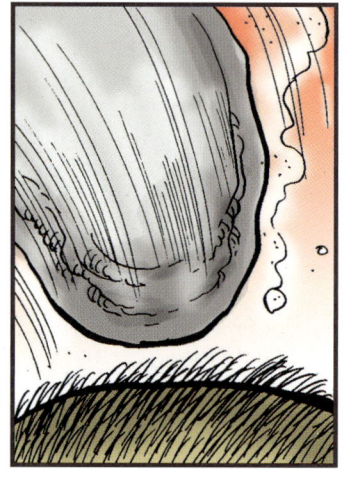

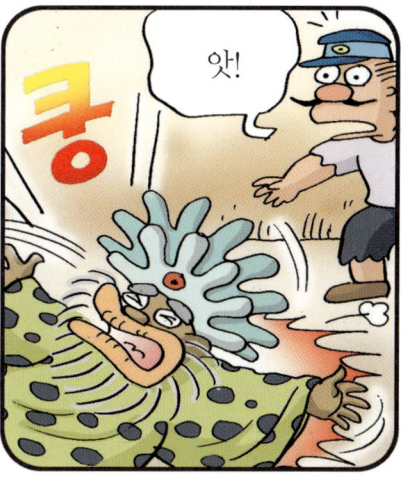

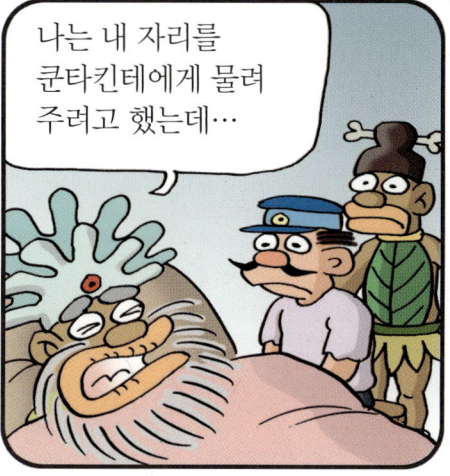